Mögen Eure Herzen Erblühen

Eine Ansprache von
Sri Mata Amritanandamayi
Parlament der Religionen der Welt
September 1993

Mata Amritanandamayi Center, San Ramon
Kalifornien, Vereinigte Staaten

Mögen Eure Herzen Erblühen
Eine Ansprache von Mata Amritanandamayi
Parlament der Weltreligionen, Chicago, 3. September 1993

Aus dem Malayalam übersetzt von
Swami Amritaswarupananda

Herausgegeben von
 Mata Amritanandamayi Center, P.O. Box 613
 San Ramon, CA 94583
 Vereinigte Staaten

——— *May Your Hearts Blossom (German)* ———

Copyright © 1994 Mata Amritanandamayi Mission Trust, Amritapuri, Kollam, Kerala 690546, Indien

Alle Rechte vorbehalten. Kein Teil dieses Buches darf ohne Erlaubnis des Herausgebers, außer für Kurzbesprechungen, reproduziert oder gespeichert werden oder in sonstiger Form – elektronisch oder mechanisch - fotokopiert oder aufgenommen werden. Die Übertragung ist in keiner Form und mit keinem Mittel erlaubt.

Erstausgabe vom MA Center: September 2016

In Deutschland: www.amma.de

In der Schweiz: www.amma-schweiz.ch

In India:
 inform@amritapuri.org
 www.amritapuri.org

Inhalt

Ein Porträt der Göttlichen Mutter — 5

Das Zweite Parlament der Religionen der Welt – 1993 — 8

Die Versammlung der Präsidenten — 13

Ouvertüre — 15

Der Fluß des Ganges — 20

Mögen Eure Herzen Erblühen — 21

Das Glorreiche Vermächtnis des Sanatana Dharma — 51

Die Botschaft des Sanatana Dharma — 58

Zu einer Globalen Ethik Hin — 66

Ein Porträt der Göttlichen Mutter

Amma ist eine Mystikerin, die für alle zugänglich ist, mit der jeder sich unterhalten kann und in deren Gegenwart Gott spürbar wird. Sie ist demütig, doch fest wie die Erde. Sie ist einfach, aber von der Schönheit des Vollmondes. Sie ist die Verkörperung von Liebe und Wahrheit, von Verzicht und Selbstaufgabe. Sie lehrt nicht nur, sondern setzt ihre Lehre jeden Augenblick ihres Lebens in die Tat um. Aus der Fülle gibt sie alles und nimmt nichts. Sie ist eine große Meisterin und eine große Mutter.

Amma wurde im vollen Bewußtsein der Höchsten Wahrheit geboren. Nachdem sie sich strengster spiritueller Disziplin unterzogen und diese auch nach außen hin gezeigt hatte (war es ein göttliches Spiel?...wir wissen es nicht), umfing sie die ganze Welt mit unbeschreiblicher Liebe und Barmherzigkeit, der Liebe und Barmherzigkeit, welche ihre Essenz und ihr Wesen sind.

Seit ihrer frühen Kindheit wurde sie von der Liebe zu Gott verzehrt. Ohne Guru und Führer versenkte sie sich in die Suche nach der Göttlichen Mutter und dem Göttlichen Vater. Sie hielt der fortgesetzten Mißhandlung durch ihre Familie, die Dorfbewohner und die Skeptiker stand, die alle ihre innere Größe nicht erkannten. Allein inmitten dieses Schlachtfeldes, begegnete sie allem gelassen, mit festem Mut, mit Geduld und ausdauernder Liebe für alle. Im Alter von 21 Jahren manifestierte sie äußerlich ihren Zustand der Einheit mit dem Höchsten und begann mit 22 Jahren Menschen, die nach der Wahrheit suchten, in das spirituelle Leben einzuweihen. Mit 27 Jahren hatte die Göttliche Mutter das geistige Hauptquartier ihrer internationalen Mission im Haus, in dem sie geboren wurde, eingerichtet.

Fünf Jahre später gab es fast 20 Zweigashrams in ganz Indien und im Ausland. 1987 unternahm die Göttliche Mutter auf Einladung der Anhänger in Amerika und Europa Ihre erste Welttour, während der sie zahllose Menschen begeisterte

Ein Porträt der Göttlichen Mutter

und geistig erhob. Zu diesem Zeitpunkt war sie 33 Jahre alt.

Ammas ganzes Leben ist ein unvergleichliches Beispiel für selbstlose, bedingungslose Liebe. Während Jahrzehnten unermüdlichen Dienstes hat Amma persönlich Hunderttausende von leidenden Menschen beraten und getröstet, die aus allen sozialen Schichten stammten und aus allen Winkeln des Globus kamen. Mit den eigenen Händen trocknete Amma ihre Tränen und entfernte die Last ihrer Sorgen. Die persönliche Berührung, die Wärme, das Mitgefühl, die Zärtlichkeit und die tiefe Anteilnahme, die Amma ständig jedem gibt, das spirituelle Charisma, die Unschuld sowie Ihr natürlicher Charme – all dies ist unverwechselbar und einzigartig an Ihr.

Für Amma ist jedes einzelne Wesen in diesem Universum Ihr eigenes Kind. Wie sie es selbst ausdrückt:

> *„Ein ungebrochener Strom der Liebe fließt von Amma zu allen Wesen im Universum. Dies ist Ammas eingeborene Natur."*

Das Zweite Parlament der Religionen der Welt – 1993

"Obwohl verschiedene Ströme verschiedenen Quellen entspringen, mischen sich ihre Wasser im gleichen Meer. O Gott, die Wege, denen die Menschen folgen, mögen verschieden erscheinen, sie führen jedoch alle zu Dir."

—Atharva Veda

Der Geist aller Religionen ist ein und derselbe. Allen sind die gleichen fundamentalen Werte eigen. Alle verbindet die allgemeine Sorge um das universelle Wohlergehen aller Wesen und die Annahme einer heiligen Natur allen Lebens.

Hindus sehen alle Wesen als heilig an; Christen predigen universelle Liebe; die Shintoisten verehren das Leben und die Rechte aller; die Jains (eine indische Religionsminderheit) erklären, alles Leben stehe in einer gegenseitigen Wechselbeziehung und stütze sich gegenseitig. Sikhs betonen, daß der Dienst an allen der Verehrung des Göttlichen gleichkommt; der

Das Zweite Parlament der Religionen der Welt

Koran verkündet die Gleichheit und Einheit aller Menschen und die Buddhisten schließlich sagen, daß die charakteristischen Merkmale jeder wahren Religion Güte, Liebe, Reinheit und Freundlichkeit sind.

Und doch sind im Laufe der Jahrhunderte im Namen der Religion mehr Schlachten geführt und ist mehr Blut auf der Erde vergossen worden, als für irgendeine andere Sache.

Das erste Parlament der Weltreligionen wurde 1893 in Chicago abgehalten. Es kennzeichnete die erste gemeinsame Bemühung, alle Religionen auf eine gemeinsame Plattform zu bringen, auf welcher die Führer und Vertreter aller Glaubensrichtungen miteinander kommunizieren und ihre Meinung austauschen konnten. An dieser ersten Konferenz erkundeten die Teilnehmer die Möglichkeiten für religiöse Toleranz und Harmonie und forschten nach Wegen der Zusammenarbeit, um die brennenden Probleme zu lösen, welche die Menschheit bedrohen.

Das Parlament der Weltreligionen von 1893 wurde von 400 Frauen und Männern besucht, die 41 religiöse Traditionen vertraten. An jenem Parlament wurden Katholizismus und Judaismus als die meistverbreitetsten amerikanischen

Religionen anerkannt und Hinduismus und Buddhismus wurden dem Westen zum ersten Mal vorgestellt. Es war bei jener Gelegenheit, daß Swami Vivekananda durch seine machtvollen Worte weltweite Anerkennung für Indiens uralte Kultur, Philosophie und Religion gewann.

Der hundertjährige Geburtstag dieses ersten Parlamentes der Religionen der Welt wurde ebenfalls in Chicago gefeiert, vom 28. August bis zum 4. September 1993.

Über 6500 Delegierte, die etwa 125 Religionen der Welt vertraten, nahmen an der großen Parlamentssitzung teil; darunter befanden sich ungefähr 600 spirituelle Führer aus der ganzen Welt.

Im Gegensatz zum ersten Parlament wurde mehr Gewicht auf interreligiösen Austausch als auf individuelle Reden gelegt, da die Teilnehmer sich bemühten, den zwischen ihren Religionen bestehenden Konsens annehmen zu können. Man einigte sich darauf, daß Religion und Wissenschaft integriert werden sollten, zusammen mit Spiritualität und weiteren praktischen Aspekten des täglichen Lebens. Weiterhin sollten Menschen aller Glaubensrichtungen ermutigt werden, die Früchte ihrer

Das Zweite Parlament der Religionen der Welt

Errungenschaften mit jenen zu teilen, die weniger bevorzugt sind.

Während das Ergebnis des ersten Parlaments in der Aufnahme von Juden und Katholiken in den Hauptstrom sowie in einer bewegenden Einführung in die Religionen des Ostens bestand, setzte dieses zweite Parlament den Schwerpunkt auf die wachsende Anerkennung und den Einfluß der vielen anderen Traditionen und Glaubensrichtungen. Dieses Parlament lieferte ein klares Beispiel für einen aufstrebenden religiösen Pluralismus.

Während der achttägigen Parlamentssitzungen wurden 800 Veranstaltungen abgehalten, darunter Reden, Workshops, interreligiöse Debatten, Einführungen in Meditation und kulturelle Aufführungen. Es gab auch Gelegenheit für gemeinsame Beteiligung an religiösen Zeremonien.

Das Parlament befaßte sich mit vielen der kritischen Themen, mit welchen die Menschheit konfrontiert ist: Verschmutzung der Umwelt und nukleare Bedrohung, wachsendes Auseinanderklaffen von Arm und Reich, Rassismus, Unterdrückung und die wechselnden Rollen von Mann und Frau – dies sind einige der Themen, welche zur Diskussion standen und über die nachgedacht wurde.

Der überwältigende Erfolg des zweiten Parlamentes der Weltreligionen war in sich selbst eine Bekräftigung der Botschaft von Harmonie und Zusammenarbeit, die den Religionen der Welt zugrundeliegt.

Das Parlament markierte einen großen Schritt in Richtung des ursprünglich anvisierten Zieles:

„Der Zweck des Parlamentes lag nie darin, nur einen Wendepunkt in der Weltgeschichte zu zelebrieren, sondern vielmehr der interreligiösen Bewegung eine frische Stimme und Dimension zu verleihen, neue Bahnen für dauerhaften Frieden zu erforschen und eine Vision für ein neues Zeitalter zu gestalten."

Die Versammlung der Präsidenten

Eine Leistung von großer Tragweite war die Bildung einer Kerngruppe, bestehend aus den einflußreichsten religiösen Führern der Welt, einer Versammlung von 25 Präsidenten, den Vertretern aller Hauptglaubensrichtungen. Während der Dauer des Parlamentes traf sich die Gruppe auf privater Ebene, um die Probleme zu erörtern, welchen die Welt gegenübersteht, um Lösungen vorzuschlagen und um eine globale Ethik zu entwerfen.

Es wurde ins Auge gefaßt, daß diese Kerngruppe als eine Art spirituelle Vereinigte Nationen funktionieren soll: jedesmal, wenn irgendwo in der Welt wegen religiöser Intoleranz ein

Konflikt ausbricht, wird die Gruppe ihren Einfluß geltend machen, um eine friedliche Lösung zu finden. Sie werden der Welt zu zeigen versuchen, daß Religion eher eine Quelle der Harmonie sein kann und soll, als eine des Streites.

Die Göttliche Mutter Mata Amritanandamayi wurde zu einem der drei Präsidenten gewählt, die den Hinduglauben vertreten; die anderen zwei Präsidenten waren Swami Chidananda Saraswati (Präsident der "Divine Life Society") und Sivaya Subramuniya Swami (der spirituelle Führer der "Saiva Siddhanta Kirche" und Herausgeber von "Hinduismus heute").

Diese vornehme Versammlung von Präsidenten, die unsere vielen verschiedenen Glaubensrichtungen repräsentieren, wird sich darum bemühen, nicht nur den Dialog zwischen den Religionen zu propagieren, sondern die Menschheit in eine neue Ära der Harmonie und des Friedens zu führen.

Ouvertüre

Am 3. September 1993, anläßlich des hundertjährigen Geburtstages des Parlamentes der Weltreligionen, sprach Amma über die große Notwendigkeit von Liebe und Mitgefühl in der heutigen Welt.

Lange vor Ammas Ankunft im Großen Ballsaal des Chicagoer Palmer House Hotels hatten sich Hunderte von Leuten eingefunden, die voller Spannung, lautlos, vor den Doppeltüren warteten. Es war eine zusammengewürfelte Mischung von Menschen aus der ganzen Welt, die gekommen waren, um an den Parlamentssitzungen teilzunehmen. Einige waren in die Roben monastischer Orden gekleidet und andere trugen die ethnischen Kleider ihrer Länder; die meisten Leute trugen jedoch Anzüge oder Kleider, wie sie im Chicagoer Geschäftsleben üblich sind. In der Menge befanden sich Vertreter der Presse und der Medienwelt, sowie Sicherheitsbeamte, die gegen das stete Vorwärtsdrängen der Menge kämpften, und natürlich Ammas Verehrer, deren Gesichter in Erwartung ihrer Ankunft glühten. Kommentare wurden laut, daß noch keine andere Sitzung des Parlaments so viele Menschen angezogen habe. Die Atmosphäre war von lautloser Erregung geprägt, während der Große Ballsaal voller Menschen auf das Erscheinen von einem *„der am meisten verehrten spirituellen Lehrer Indiens"* wartete.

Amma erschien von der Seite der Bühne her in ihrer traditionellen weißen Kleidung. Sie trug außerdem eine in auffallenden Farben leuchtende Blumengirlande. In ihrer üblichen Art verbeugte sie sich vor der Versammlung und setzte sich auf den Sitz, der speziell für sie eingerichtet worden war. Wer hätte sich vorstellen können, daß diese einfache Frau, die sich demütig all den Formalitäten im Großen Ballsaal des Palmer House Hotels fügte, bald auf so wunderbare Weise die in jedem schlummernde Sehnsucht nach der Heimkehr der Seele ausdrücken sollte.

Während des ganzen formalen Verfahrens haftete etwas Kindhaftes und Unschuldiges an Amma. Bevor sie zu sprechen begann, machte sie die Bemerkung, daß es nicht Ihre Art sei, Reden zu halten, daß sie aber einige Worte über Ihre eigenen Lebenserfahrungen sagen werde.

Dann begann Ihre Ansprache, -so klar und strahlend wie die Girlande, die sie trug- in welcher jeder Punkt mit Brillianz an den nächsten gereiht war.

In ihrer Rede betonte Amma die große Notwendigkeit und Dringlichkeit der Assimilierung von religiösen Prinzipien in unserem Leben.

„Die Sprache der Religion ist die Sprache der Liebe. Aber es ist eine Sprache, welche die moderne Welt vergessen hat. Darin liegt die Hauptursache aller Probleme, die im heutigen Alltag existieren. Heutzutage kennen wir nur eine beschränkte, selbstsüchtige Liebe. Die Umwandlung dieser begrenzten Liebe in Göttliche Liebe ist das Ziel der Religion. In der Fülle wahrer Liebe blüht die wunderbar duftende Blume des Mitgefühls."

Das war der Grundton ihrer Ansprache. Mit ihrer charakteristischen Einfachheit und Eloquenz brachte Mutter den wahren Geist der Religion zum Vorschein und erläuterte ihre ewigen Grundlagen in einer für die heutige Welt passenden Art und Weise.

Während ihrer ganzen Rede unterstrich Amma die Notwendigkeit, daß die Religion zu einem Balsam für die leidende Menschheit werde, anstatt zu einer Brutstätte für Egoismus und Wettstreit.

Eine Stunde lang saßen die Menschen gefesselt da und als die Rede zu Ende war, gab es einen Ausbruch an Emotionen; man sah Journalisten, die weinten, und völlig fremde Leute, die aufstanden, um nach vorne zu Amma zu eilen.

In ihrer eigenen, unnachahmlichen Art war Amma nun, da sie von der Notwendigkeit des Sprechens befreit war, dazu übergegangen, Darshan zu geben. Die Leute machten sich auf, wie von einem Magneten angezogen; es verlangte sie danach, diesen göttlichen Geist zu empfangen, der sie so tief berührt und begeistert hatte. Amma begrüßte soviele Leute wie Sie konnte, jeden einzelnen zärtlich umarmend, bis nach einer halben Stunde zur Enttäuschung aller abgebrochen werden mußte, damit der offizielle Teil weitergehen konnte. Durch Ihre bloße Gegenwart hatte Amma die Essenz aller Worte und Versprechen, der Ideen und Absichten hinter dem Parlament der Weltreligionen, ausgestrahlt und zum Leben gebracht.

John Ratz, ein Public Relation Berater, der über die Wirkung der an den Sitzungen gehaltenen Reden reflektierte, machte die einsichtsvolle Beobachtung:

„Jeder andere Sprecher hat das Thema von Religion und Spiritualität behandelt, als ob sie zwei getrennte Einheiten wären. Ammas machtvolle Worte jedoch drangen tief in den Kern von Religion und Spiritualität, indem sie die Widersprüche auslöschten, die Kluft überbrückten und eine harmonische Verschmelzung von beiden bewirkten und so deren wahre Essenz offenbarten. Es war eine der bedeutsamsten und stärksten Reden."

Der Fluß des Ganges

Ammas Ansprache war wie der Fluß des Ganges. Amma sprach mit zwingenden Worten aus der höchsten Höhe transzendentaler Seligkeit und ließ die Menschen von Ihrem unendlichen Bewußtsein trinken.

Als Amma – die Verkörperung von Universeller Liebe und Mitgefühl – sprach, schien tiefer Friede die Atmosphäre zu durchdringen. Ihre Rede war intellektuell überzeugend und hatte zu gleicher Zeit ungeheuer heilende Kraft und große reinigende Wirkung.

Der Große Ballsaal des Palmer House Hotels war zum Bersten voll von Leuten aus allen Schichten, die während Ammas Rede gebannt dasaßen. Aber am Ende, als die Menschen spontan nach vorne zu Amma drängten, um ihren *Darshan* zu bekommen, flossen die Herzen über. Es war eine große und unvergeßliche Begebenheit.

Swami Amritaswarupananda

Mögen Eure Herzen Erblühen

Meinen Gruß an alle, die heute hierher gekommen sind, an euch, die ihr die Verkörperung der Höchsten Liebe seid. Worte können die Dankbarkeit nicht ausdrücken, die Amma gegenüber den aufrichtigen Organisatoren empfindet, welche die Zeit und Energie aufgebracht haben, um diese in hohem Maße dem Wohlergehen der Menschheit dienende Konferenz ins Leben zu rufen. Obwohl sie inmitten der heutigen materialistischen Welt leben, haben sie sich für die Organisation dieser Konferenz eingesetzt, die auf den erhebenden und erhaltenden Werten der Religion beruht. Durch ihre harte Arbeit und ihre großartige Anstrengung haben sie ein Beispiel an selbstlosem Dienst gegeben, von welchem die Welt potentiell profitieren kann. Vor solcher Herzensgröße hat Mutter nichts anderes zu sagen, als sich in Demut zu verbeugen.

Es ist nicht Ammas Art, Reden zu halten. Trotzdem wird Amma einige Worte über Dinge sagen, die sie in Ihrem Leben selbst erfahren hat. Amma bittet um Vergebung, falls sie etwas Falsches sagen sollte.

Religion ist Glaube, der letztlich im Wissen und in der Erfahrung gipfelt, daß wir selbst der allmächtige Gott sind. Den Menschen zur Verwirklichung seines eigenen wahren Standes der Göttlichkeit zu führen, den Menschen in Gott umzuwandeln – das ist das Ziel und die Absicht des „*Sanatana Dharma*", Indiens „ewiger Religion", die allgemein unter dem Namen Hinduismus bekannt ist. Gegenwärtig ist unser mentaler See durch die Wellen der Gedanken aufgewühlt. Erst wenn diese Wellen abklingen, scheint das unbewegte Substratum durch, das die Essenz der Religion ist, das grundsätzliche Subjekt und Ziel der Philosophie des *Advaita* (Nichtdualität) . Dieses unbewegte, unveränderliche Prinzip ist die eigentliche Grundlage des *Sanatana Dharma*. Die berühmte Aussage „*Aham Brahmasmi*" (Ich bin *Brahman*, Absolutes Bewußtsein) weist auf die subjektive Erfahrung des nicht-dualen Selbst hin.

„Ich bin ein Hindu", „ich bin ein Christ", „ich bin ein Muslim", „ich bin ein Ingenieur", „ich bin ein Arzt": so reden alle. Dieses namenlose, formlose, alles durchdringende Prinzip, allen gemeinsam als das „Ich", ist das *Atman* (das Selbst), das *Brahman* (das Absolute) oder *Ishwara* (Gott). Die Existenz Gottes zu leugnen, heißt seine eigene Existenz verneinen. Es ist etwa, wie wenn man mit der eigenen Zunge sagen würde: „Ich habe keine Zunge". Gott ist in jedem von uns vorhanden, in allen Wesen, in allem. Gott ist wie der Raum. Raum ist überall. Die ganze Schöpfung existiert im Raum. Nehmen wir an, wir bauen ein Haus. Der Raum existiert, ehe das Haus gebaut wird. Und nach seiner Fertigstellung steht das Haus im gleichen Raum. Auch nach Zerstörung des Hauses bleibt der Raum bestehen. Gott ist auch so. Er existiert, unveränderlich, in der Vergangenheit, in der Gegenwart und in der Zukunft.

Man mag sich fragen: „Wenn Gott allesdurchdringend ist, warum kann ich Ihn dann nicht sehen?" Strom kann man auch nicht sehen, aber wenn du deinen Finger in eine Steckdose hältst, wirst du ihn erfahren. Ebenso muß Gott erfahren werden, um erkannt zu sein. Stell dich hinter einen Baum und versuche, die Sonne zu sehen. Du siehst die Sonne nicht – Du kannst sagen, daß der Baum die Sonne verdeckt, aber es ist nicht so. Die Sonne kann nicht verdeckt werden. Deine Sicht ist begrenzt, deswegen siehst du die Sonne nicht. In gleicher Weise, obwohl Gott überall ist, verhindert unsere begrenzte Sicht, daß wir Ihn sehen. Die Haltung von „Ich" und „Mein" hat unsere Sehkraft blockiert und unseren Geist gebunden.

Sanatana Dharma erwartet von uns nicht, daß wir an einen Gott glauben, der auf einem goldenen Thron hoch über den Wolken sitzt. Gott ist kein begrenztes Wesen. Gott ist allesdurchdringend, allmächtig und allwissend. Gott ist das Prinzip des Lebens und das Licht des Bewußtseins in uns. Gott, der reine Glückseligkeit ist, ist wahrhaftig unser eigenes Selbst.

Allein der Verstand ist die Ursache von Gebundenheit und Freiheit. Religion ist das Prinzip, das den Verstand von den mannigfaltigen Gedanken und Emotionen und von seiner Abhängigkeit von äußerlichen Objekten befreit. Sie hilft dem Verstand, den Zustand ewiger

Freiheit oder Unabhängigkeit zu erreichen. Es ist die Haltung von „Ich" und „Mein", die uns abhängig macht. Die Ausübung der Grundsätze wahrer Religion ist der Weg, der zur Beseitigung des Egos führen wird.

Wir können nicht erwarten, Glück und Vollkommenheit in der Welt zu finden. Trotzdem kämpfen die Menschen ständig darum, diese in der Welt zu finden. In all den Jahren haben viele Frauen zu Amma gesagt: „O Amma, ich bin vierzig Jahre alt und immer noch nicht verheiratet. Ich konnte keinen passenden Mann finden." Die Männer beklagen sich ebenfalls und sagen: „Amma, ich habe nach der Braut meiner Träume gesucht, aber ich konnte sie nicht finden." Sie verlieren die Hoffnung und werden niedergeschlagen. Amma wird an eine Geschichte erinnert:

Einmal trafen sich zwei Freunde in einem Restaurant. Der eine erzählte dem andern, daß seine Hochzeit bevorstünde und arrangiert werde. Er lud den Freund ein, an seiner Hochzeit teilzunehmen. Dann erkundigte er sich, ob sein Freund auch die Absicht habe, sich zu vermählen. Dieser meinte: „Ja, ich war ganz erpicht darauf, mich zu verheiraten und machte mich daher auf, eine perfekte Ehefrau zu finden. Ich traf eine

Frau in Spanien; sie war schön, intelligent und spirituell, aber sie hatte kein weltliches Wissen, daher konnte ich sie nicht in Betracht ziehen. In Korea traf ich eine andere Frau. Sie war schön, intelligent und hatte sowohl weltliches wie auch spirituelles Wissen. Ich konnte aber nicht mit ihr kommunizieren. So setzte ich meine Suche fort. Schließlich fand ich sie in Afghanistan – die Frau meiner Träume. Sie war in jeder Hinsicht perfekt. Ich konnte sogar mit ihr kommunizieren."

Der andere unterbrach ihn und fragte: „Hast du sie geheiratet?" „Nein", erwiderte sein Freund. „Warum nicht?", wollte jener wissen. „Weil sie selbst auch auf der Suche nach dem perfekten Ehepartner war."

Was ist es, was der Mensch ersehnt? Er sucht nach Frieden und Glück. Die Leute rennen hierhin und dorthin, um Frieden für das Gemüt zu finden. Aber Ruhe und Frieden sind von der Erdoberfläche verschwunden. Wir umarmen begeistert die äußere Welt mit all ihrem Komfort. Darüber ist die innere Welt zu einer lebenden Hölle geworden. Es gibt zwar mehr als genug Bequemlichkeit in der modernen Welt. Es gibt keine Knappheit an Autos oder Zimmern mit Klimaanlage. Diese bequemen Einrichtungen sind heute auf der ganzen Welt anzutreffen. Wie schade ist es nur, daß die Leute, die darin wohnen, immer noch keinen inneren Frieden gefunden haben. Viele können nicht ohne Schlaftabletten zu Bett gehen. Rastlosigkeit und innere Spannung sind so unerträglich und unkontrollierbar geworden, daß viele Leute sich umbringen, obwohl sie im sogenannten Schoß des Luxus leben. Diejenigen, die so viel Wert darauf legen, in klimatisierten Häusern und Autos zu leben, sollten sich eher bemühen, ihren eigenen Geist zu klimatisieren. Das ist notwendig, um echtes Glück zu erfahren. Glück und Zufriedenheit hängen einzig und allein vom mentalen Zustand ab, nicht von äußeren Objekten oder Umständen. Glück hängt eigentlich von Selbstkontrolle ab. Beide, Himmel und Hölle, werden vom Verstand geschaffen. Sogar der höchste Himmel verwandelt sich in eine Hölle, wenn der Geist unruhig ist; im Gegensatz dazu wird auch die tiefste Hölle ein glücklicher Ort für jemanden, der einen friedvollen und entspannten Geist hat.

Religion ist die Wissenschaft, die lehrt, wie man ein glückliches, von Seligkeit erfülltes Leben führen kann, während man immer noch in dieser Welt der Mannigfaltigkeit lebt.

Glaube und Wachsamkeit sind in der heutigen Welt notwendig

Heutzutage ist unser Glaube wie ein künstliches Körperglied. Er hat keine Lebenskraft. Wir haben keine vom Herzen kommende Verbindung mit dem Glauben mehr, weil er nicht in unserem Leben verwurzelt ist.

Wir leben in einem wissenschaftlichen Zeitalter. Intellekt und Vernunft haben einen Höhepunkt erreicht. Aber überraschenderweise verlassen sich besonders intellektuell entwickelte Menschen weiterhin auf Autos und Einrichtungen wie Fernsehen, Häuser und Computer – alles Einrichtungen, die jeden Augenblick zu funktionieren aufhören und vernichtet werden können. Wir haben eine tiefe Anhaftung an diese Dinge und an die kleinen Annehmlichkeiten, die sie uns bieten. Wenn sie beschädigt oder kaputt sind, beeilen wir uns, sie zu reparieren. Aber wir merken nicht, daß wir es eigentlich sind, die am dringendsten reparaturbedürftig sind, weil wir den Glauben an uns selbst verloren haben. Wir haben den Glauben an das Herz und seine zarten Gefühle verloren. Obwohl ein Mensch mit großer Geduld seinen Computer und Fernseher

Eine Ansprache von Sri Mata Amritanandamayi

repariert, hat er keine Geduld, um die falsch tönenden Saiten seines Lebens neu zu stimmen.

Dunkelheit hüllt allmählich die Welt ein. Überall bietet sich uns ein erbärmliches Bild. Die Menschen brechen zusammen, nachdem sie ihre ganze Energie und Lebenskraft vergeudet haben, indem sie hinter den Objekten des Vergnügens herrannten. Der Mensch hat die von der Natur gesetzten, vernünftigen Grenzen übertreten. Das soll nicht heißen, daß man die Freuden der Welt nicht genießen darf. Das ist schon in Ordnung. Aber ihr müßt euch der Wahrheit bewußt sein, daß der Genuß, den man von Sinnesfreuden und weltlichen Objekten erlangt, nur ein Bruchteil der endlosen Glückseligkeit ist, die aus eurem eigenen Selbst kommt. Ihr müßt wissen, daß eure wahre Natur Glückseligkeit ist. So wie das Zeitungspapier von heute zum Altpapier von morgen wird, kann das, was uns heute glücklich macht, morgen leicht zur Quelle der Verzweiflung werden. Religion lehrt uns, diese Wahrheit zu verstehen, während wir in der Welt leben.

Der Verstand kann mit einem Pendel verglichen werden. Wie die unaufhörliche Bewegung des Uhrpendels, schwingt das Pendel unseres Verstandes periodisch von Glück zu Leid und zurück. Während das Pendel der Uhr in das eine Extrem ausschlägt, gewinnt es dabei nur genügend Schwung, um wieder zum andern Ende zurückzuschwingen. In gleicher Weise holt das Pendel des Geistes, welches zum Glück strebt, nur aus, um wieder zum andern Pol, dem des Kummers, zu schwingen. Echter Friede und echtes Glück können nur erfahren werden, wenn das Pendel des Geistes nicht mehr ausschlägt. Nur aus dieser Stille ergeben sich echter Friede und Glück. Dieser Zustand vollkommener innerer Stille ist die wahre Essenz des Lebens.

Die Religion verlangt von uns, ständig wachsam zu sein. Ein Vogel, der auf einem dünnen Ast sitzt, weiß, daß der Ast jeden Augenblick, bei der geringsten Brise, abbrechen kann. So ist der Vogel immer wachsam und bereit, zu fliegen. Auf ähnliche Weise lehnen wir uns an die Objekte der Welt, die jeden Moment zusammenbrechen können. Die Leute fragen: „Erwartest Du von uns, daß wir der Welt den Rücken kehren, um an einen abgelegenen Ort zu gehen und dort untätig, mit geschlossenen Augen zu sitzen?"

So ist es nicht gemeint. Seid nicht arbeitsscheu oder lethargisch. Geht euren Pflichten in der Welt nach und engagiert euch in eurer

Arbeit. Ihr könnt auch arbeiten, um Wohlstand zu erreichen und das Leben zu genießen, aber versucht, euch daran zu erinnern, daß dieses ganze Erwerben, Besitzen und Bewahren wie das Bereithalten eines Kammes für einen kahlen Kopf ist. Ungeachtet von Zeit und Raum wird der Tod uns besiegen und uns alles, was wir haben, entreißen. Niemand und nichts wird uns zu Hilfe kommen. Daher weist uns die Religion an: „Ihr sollt verstehen, daß der Zweck dieses kostbaren Lebens nicht nur darin liegt, euren Körper zu ernähren, sondern euch zu einem Stand der Vollkommenheit zu entwickeln."

Wenn ein Mensch sein Leben lebt und dabei um die vergängliche Natur der Welt weiß, kann er das Leben liebend umarmen, ohne zusammenzubrechen oder allen Mut zu verlieren, wenn Schwierigkeiten auftauchen. Ein Mensch, der nicht schwimmen kann, ist dem Wellengang des Ozeans ausgeliefert. Die Wellen können ihn leicht überwältigen und in die Tiefen ziehen. Aber für jemanden, der schwimmen kann, ist es ein Genuß, im Wasser zu spielen – die Wellen können ihm nichts anhaben.

In ähnlicher Weise ist die mannigfaltige und widersprüchliche Natur des Lebens ein leichtes

Spiel für einen Menschen, der sich der ewig sich ändernden, flüchtigen Natur desselben bewußt ist. Lächelnd kann er beide, die negativen und positiven Erfahrungen des Lebens, als gleichwertig ansehen und Willkommen heißen. Doch für jene, welche diese Einsicht nicht haben, wird das Leben zu einer unerträglichen Last, voll Kummer und Leid. Wahre religiöse Prinzipien verleihen uns die Kraft und den Mut, den schwierigen Situationen im Leben mit einem ausgeglichenen und ruhigen Geist zu begegnen. Religion ebnet den Weg dafür, dieses Leben mit größerer Freude, Begeisterung und Vertrauen zu umarmen. Für jemanden, der diese Grundsätze wirklich in sich aufgenommen hat, ist das Leben das freudvolle Spiel eines unschuldigen Kindes.

Die heutige Welt versucht, die religiösen Grundsätze anhand von Handlungen, die von gewissen Individuen im Namen der Religion ausgeübt werden, zu bewerten. Die ganze Religion wird aufgrund der Missetaten einiger weniger verurteilt. Damit wird das Kind mit dem Bade ausgeschüttet. Das ist, als würde man alle Medikamente und Doktoren verurteilen, weil ein Arzt eine falsche Medizin verschrieben hat. Individuen sind manchmal gut, manchmal schlecht. Sie haben Schwächen und es kann ihnen an Unterscheidungsvermögen mangeln. Es ist falsch, die Fehler und Schwächen, die man in ihnen sieht, auf die Grundsätze der Religion zu übertragen.

Es ist die Praxis religiöser Prinzipien, die das menschliche Leben mit Vitalität und Energie erfüllt. Ohne Religion und Glauben wäre das Leben auf der Erde leer. Wie wenn man eine Leiche mit einem exquisiten Kostüm schmücken würde, wären Schönheit und Freuden des Lebens nur oberflächlich. Ohne Religion wird unser Verstand gelähmt und unfruchtbar. Nur weil die Menschen wenigstens ein bißchen Spiritualität und Religion in sich aufgenommen haben, gibt es überhaupt noch etwas Schönheit, Vitalität und Harmonie in unserem Leben.

Der heutige Niedergang der Religion

Religion enthält die wesentlichen Prinzipien des Lebens, durch welche Egoismus und Engsichtigkeit beseitigt werden. Aber manchmal, aufgrund von falschen Auffassungen, wird dieselbe Religion zu einer Brutstätte für eben diese negativen Eigenschaften. Das Ergebnis von Egoismus, Engstirnigkeit und Konkurrenzdenken ist Streit. Er entsteht, weil die Menschen die Essenz der

Religion nicht aufgenommen haben. Heutzutage gibt es Tausende, die bereit sind, für ihre Religion zu sterben, aber niemand ist gewillt, nach deren Grundsätzen zu leben. Die Menschen begreifen nicht, daß Religion etwas ist, was gelebt sein will. Sie vergessen, daß Religion angewendet und in unserem täglichen Leben praktiziert werden muß.

„Meine Religion ist die beste! Meine Religion ist die größte!" sagt der eine. „Nein, es ist meine Religion, welche die beste und größte ist!" sagt der andere. So geht das Geschrei dauernd weiter. Wegen dieser engen Sicht und des Neides gehen dem Menschen die eigentliche Essenz und Botschaft der Religion verloren.

An die Streitigkeiten denkend, die es heute zwischen den Religionen gibt, wird Amma an eine Geschichte erinnert. Es gab einmal zwei Patienten, die auf verschiedenen Stationen im selben Spital lagen; beide wurden von ihren Verwandten versorgt. Die Patienten waren sehr krank, litten und weinten vor Schmerzen. Je ein Verwandter von beiden ging, um dringend benötigte Medizin einzukaufen. Bei ihrer Rückkehr trafen sie sich in einem Korridor des Spitals, in welchem nur für eine Person Platz war. Beide wollten vor dem andern durchgehen und keiner von ihnen wollte ausweichen und nachgeben. Beide bestanden darauf, eher gekommen zu sein und ein großer Streit entbrannte. Während die Patienten unerträgliche Schmerzen hatten, fuhren ihre Verwandten zu streiten fort, beide die Medizin fest im Griff haltend. Oft sehen wir die Anhänger einer Religion nach dem selben Muster handeln. Geblendet durch das äußere Drum und Dran ihres Glaubens, versäumen sie es, seine eigentliche Essenz und seinen Geist zu erkennen. Anstatt sich zu Gott hinzubewegen, zerren sie sich gegenseitig im Namen der Religion hinunter.

Das ist der beklagenswerte Zustand der Religion im modernen Zeitalter. Wegen dieser unergiebigen und arroganten konkurrierenden Haltung haben die Leute weder Geduld noch Nachsicht, und die Fähigkeit zu lieben ist verlorengegangen.

Nicht alle Mitglieder einer Familie werden vermutlich denselben Charakter haben oder mit derselben geistigen Größe ausgestattet sein. Einer unter ihnen mag ohne viel Unterscheidungsvermögen reden und handeln oder extrem zornig werden und den ganzen Haushalt durcheinanderbringen. In derselben Familie wird es aber vielleicht auch jemanden geben, der stiller und ruhiger Natur ist, demütig, mit scharfem

Urteilsvermögen und klarer Übersicht versehen. Nun können wir uns fragen, wer oder was erhält die Integrität und Harmonie der Familie? Ohne weitere Überlegung kann man erwidern, daß es die Eigenschaften des Letzteren sind, welche die Familie zusammenhalten. Die Wut und der Mangel an Unterscheidungskraft des einen werden durch die Ruhe, Demut und Vorsicht des anderen wettgemacht. Hätten die Charakterzüge des zornigen Familienmitgliedes Oberhand behalten, wäre die Familie schon längst auseinandergebrochen. Obwohl die Welt von heute einer gewaltigen Bedrohung gegenübersteht, sind es die Geduld, die Liebe, das Mitgefühl, die Selbstaufopferung und die Demut von *Mahatmas* (großen Seelen), welche die Integrität der Welt erhalten. Die Dunkelheit unseres Zeitalters könnte vollständig beseitigt werden, wenn es in jeder Familie wenigstens eine Person gäbe, die entschieden und gewillt wäre, nach den wesentlichen Prinzipien wahrer Religion zu leben.

Wenn wir den Geist der Religion wirklich in uns aufnehmen, werden Kummer und Sorgen der andern zu den unsrigen. Mitgefühl kommt auf und wir werden fähig, uns in den Schmerz und das Leid der andern einzufühlen. Nur durch die

Erfahrung der Einheit mit dem Selbst können wir echtes Mitgefühl und Anteilnahme empfinden. Amma erzählt eine Geschichte:
Jemand lebte allein in einer Wohnung und litt an Krebs. Sein Leiden verursachte ihm Qualen und Schmerzen und er weinte. Er war so arm, daß er sich kein Schmerzmittel leisten konnte, um etwas Erleichterung zu bekommen. Zur selben Zeit war in der angrenzenden Wohnung der Nachbar dabei, sich ausschweifenden und lustvollen Vergnügungen mit Alkohol, Drogen und Frauen hinzugeben. Hätte er das Geld, das er verschwendete, um sich zu zerstören, ausgegeben, um dem Mann von nebenan zu helfen, wäre dessen Leiden gemildert worden. Außerdem hätten seine selbstzerstörerische Tendenz und seine Selbstsucht ein Ende gefunden. Mitgefühl für die armen und leidenden Menschen zu zeigen, ist unsere Pflicht gegenüber Gott. Nur solche Liebe, Mitgefühl und Rücksicht können zu Harmonie in der Welt führen.

Wenn wir aus Versehen mit dem Finger ins Auge geraten, bestrafen wir dann den Finger? Nein. Wir versuchen einfach, den Schmerz im Auge zu lindern. Warum bestrafen wir den Finger nicht? Weil beide ein Teil von uns sind, beide gehören zu uns. Wir sehen uns selbst im Finger und im Auge. In gleicher Weise sollten wir fähig werden, uns, unser eigenes Selbst, in allen Wesen zu sehen. Wenn wir das können, werden wir die Fehler der andern leicht verzeihen. Fähig zu werden, die anderen zu lieben, ihnen zu vergeben, uns selbst in ihnen zu sehen, ihre Fehler als unsere eigenen Fehler zu sehen, das ist der wahre Geist der Religion.

Gold ist wunderschön, glänzend und kostbar. Wenn es dazu noch einen Duft hätte, wie würden sein Wert und Charme vergrößert! Meditation und religiöse oder spirituelle Praktiken sind in der Tat wertvoll. Wenn noch Mitgefühl für den Mitmenschen dazukommt, werden sie, wie Gold mit einem Duft, zu etwas unglaublich Speziellem und Einzigartigem.

Religion ist das Geheimnis des Lebens. Sie lehrt uns zu lieben, zu dienen, zu vergeben, zu ertragen und mit unseren Brüdern und Schwestern mit Einfühlungsvermögen und Anteilnahme zu verkehren. *Advaita* (die indische Philosophie der Nichtdualität) ist eine rein subjektive Erfahrung. Aber im täglichen Leben drückt sie sich als Liebe und Mitgefühl aus. Das ist die große Lehre der berühmten Weisen und Heiligen Indiens, der Exponenten des *Sanatana Dharma*.

Die Rolle der Liebe und des Mitgefühls in der Religion

Wahre Religion ist eine Sprache, die der moderne Mensch vergessen hat. Wir haben die Liebe, das Mitgefühl und das gegenseitige Verstehen, die von Religion gelehrt werden, vergessen. Die grundsätzliche Ursache, die allen Problemen der heutigen Welt zugrundeliegt, ist der Mangel an Liebe und Anteilnahme. Das Chaos und die Verwirrung, die sowohl im Leben des Individuums herrschen, als auch auf der nationalen Ebene und in der ganzen Welt, existieren nur, weil wir versagt haben, echte religiöse Grundsätze in unserem täglichen Leben umzusetzen. Religion sollte zu einem Teil unseres Lebens werden. Die Religion muß neu belebt werden, sie braucht neues Leben und Vitalität. Erst dann werden Liebe und Mitgefühl in uns erwachen. Nur Liebe und Mitgefühl werden die Dunkelheit auslöschen und Licht und Reinheit in die Welt bringen.

Wenn Liebe zu Göttlicher Liebe wird, füllt sich das Herz mit Mitgefühl. Liebe ist ein inneres Gefühl und Anteilnahme ist sein Ausdruck.

Mitgefühl heißt, unsere im Herzen gefühlte Anteilnahme für ein leidendes menschliches Wesen ausdrücken.

Es gibt Liebe und Liebe. Du liebst deine Familie, aber deinen Nachbarn liebst du nicht. Du liebst deinen Sohn und deine Tochter, aber du liebst nicht alle Kinder. Du liebst zwar deine Eltern, aber du liebst nicht jedermann so, wie du deinen Vater und deine Mutter liebst. Du liebst deine Religion, aber andere Religionen magst du nicht. Vielleicht magst du sogar keine Menschen anderer Religion. Ebenso hast du Liebe für dein Vaterland, aber du liebst nicht alle Länder und fühlst vielleicht sogar Feindseligkeit gegenüber Menschen fremder Nationen. Demzufolge ist dies nicht echte Liebe; es ist bloß begrenzte Liebe. Die Verwandlung dieser begrenzten Liebe in Göttliche Liebe ist das Ziel der Spiritualität. In der Fülle der Liebe erblüht die wundervolle, duftende Blume des Mitgefühls.

Wenn die Hindernisse des Egos, der Angst und des Gefühls des Andersseins verschwinden, kannst du nicht anders als lieben. Du erwartest nichts für deine Liebe. Es kümmert dich nicht, ob du etwas bekommst; du fließt einfach. Jeder, der in diesen Strom der Liebe gerät, wird darin gebadet; ob gesund oder krank, ob Mann oder Frau, ob arm oder reich. Jeder kann im Strom der Liebe solange baden, wie er will. Ob jemand darin badet oder nicht, den Strom der Liebe kümmert das nicht. Ob jemand den Strom kritisiert oder beschimpft, er nimmt keine Notiz davon. Er fließt einfach. Wenn diese Liebe überfließt und sich in jedem Wort und in jeder Tat ausdrückt, nennen wir es Mitgefühl. Das ist das Ziel der Religion. Ein Mensch, der voller Liebe und Anteilnahme ist, hat die echten Grundlagen der Religion verwirklicht.

Ein mitfühlender Mensch sieht keine Fehler in andern. Er sieht nicht die Schwächen der Menschen. Er macht keinen Unterschied zwischen guten und schlechten Menschen. Wenn jemand voller Liebe und Mitgefühl ist, kann er keine Linie zwischen zwei Ländern, zwei Glauben oder zwei Religionen ziehen. Er hat kein Ego. Daher kennt er keine Angst, Lust oder Leidenschaft. Er verzeiht einfach und vergißt. Mitgefühl ist wie eine Passage. Alles geht hindurch. Nichts kann drinnen stehenbleiben, weil dort, wo Liebe und Mitgefühl sind, kein Anhaften ist. Mitgefühl ist der Ausdruck der Liebe in ihrer ganzen Fülle.

Mögen Eure Herzen Erblühen

Das Leben in allem zu sehen und zu fühlen, das ist Liebe. Wenn Liebe das Herz erfüllt, kann man das Leben durch die ganze Schöpfung pulsieren sehen. „Leben ist Liebe" – das ist die Lektion der Religion. Leben ist hier. Leben ist dort. Leben ist überall. Es gibt nichts als Leben. So ist auch Liebe überall. Überall, wo Leben ist, ist Liebe und vice versa. Leben und Liebe sind nicht zwei, sondern eins. Aber die Unwissenheit über ihre Einheit wird andauern, bis die Selbstverwirklichung geschieht. Bis zur Verwirklichung des Selbst wird der Unterschied zwischen Intellekt und Herz bestehen bleiben. Intellekt allein genügt nicht. Um Vollkommenheit zu erreichen, um die Fülle des Lebens zu erfahren, brauchen wir ein Herz voller Liebe und Mitgefühl. Dies zu wissen, sind Zweck und Absicht von Religion und religiösen Praktiken.

Wir leben in einem Zeitalter von Intellekt und Vernunft, im Zeitalter der Wissenschaft. Wir haben die Gefühle des Herzens vergessen. Eine allgemeine Redensart auf der ganzen Welt ist: „Ich habe mich verliebt" (auf englisch „fallen in love"). Ja, wir sind in eine Liebe gefallen, die in Selbstsucht und Materialismus verwurzelt ist. Wir sind unfähig, uns zu erheben und in Liebe zu erwachen. Wenn wir schon fallen müssen, laßt uns vom Kopf ins Herz fallen. Sich in Liebe zu erheben, das ist Religion.

Das Wiederherstellen des Gleichgewichts der Natur

Wahre Religion lehrt uns, daß die ganze Schöpfung eine Manifestation Gottes ist. Darum müssen wir uns um die Natur ebenso liebevoll kümmern wie um unsere Mitmenschen. Die Schriften sagen aus: *„Isavasyamidam Sarvam"* – alles ist von Gottes-Bewußtsein durchdrungen. Die Erde, Bäume, Pflanzen und Tiere sind alles Manifestationen Gottes. Wir sollten sie so lieben, wie wir unser eigenes Selbst lieben. Eigentlich sollten wir sie mehr lieben als uns selbst, weil der Mensch nur mit der Unterstützung der Natur leben kann. Es wird verlangt, daß wir für jeden Baum, den wir fällen, zwei neue pflanzen sollen. Trotzdem bleibt das Gleichgewicht der Natur nicht erhalten, wenn ein mächtiger Baum durch zwei kleine Jungbäumchen ersetzt wird. Wenn dem Wasser weniger Desinfektionsmittel beigegeben wird als benötigt, dann ist die Wirkung schwächer. Wenn eine ayurvedische Medizin, die mit zehn verschiedenen Pflanzen hergestellt werden muß, mit nur acht davon zubereitet wird, dann wird sie nicht die erwünschte Wirkung haben. Tiere, Pflanzen und Bäume tragen alle zur Harmonie der Natur bei. Es ist die Pflicht des Menschen, sie zu beschützen und zu bewahren, weil sie sich selbst nicht verteidigen können. Wenn wir weiterfahren, sie zu zerstören, wird der Welt großer Schaden und Leid zugefügt.

Amma erinnert sich, daß in ihrer Kindheit der Kuhdung direkt auf eine Impfwunde aufgetragen wurde, um eine Infektion zu verhindern. Aber heutzutage würde Kuhdung eine Wunde infizieren. Aufgrund der Giftstoffe, mit welchen der Mensch die Natur verunreinigt hat, wurde unser Immunsystem geschwächt und auch der Kuhdung ist schädlich geworden.

Zur Zeit der *Rishis* war die Lebensdauer eines gewöhnlichen Menschen über hundert Jahre, während sie heute beträchtlich gesunken ist und weiter abnimmt. Es gibt seltene Fälle, wo Leute mehr als hundert Jahre leben, aber meistens bei schlechter Gesundheit und mit irgendwelchen Leiden. Wegen der Überschreitung der Gesetze der Natur durch den Menschen, nehmen unheilbare Krankheiten überhand.

Eine Ansprache von Sri Mata Amritanandamayi

Wieviel Umweltverschmutzung ist durch den Rauch der Fabriken verursacht worden! Amma schlägt nicht vor, daß wir die Fabriken schließen. Sie sagt, daß ein Teil des Profits dazu benützt werden sollte, um Methoden zu erfinden und einzusetzen, welche die Verschmutzung reduzieren und die Umwelt neu beleben und beschützen.

Früher kamen Regen und Sonnenschein zur richtigen Zeit und unterstützten den Zyklus von Wachstum und Ernte. Es gab keine Notwendigkeit für Bewässerung, weil die Natur sich um alles selbst kümmerte. Heute sind wir vom Pfad des *Dharma* (der richtigen Handlung) abgekommen. Wir beuten die Natur aus und daher reagiert sie. Dieselbe kühle Brise, die einst den Menschen streichelte, ist zu einem Tornado geworden.

Wir mögen daran zweifeln, ob wir die Macht haben, das verlorene Gleichgewicht der Natur wieder herzustellen. Wir mögen fragen „sind wir Menschen nicht zu limitiert?" Nein, das sind wir nicht! Wir haben unbegrenzte Kräfte in uns, aber wir schlafen fest und sind uns ihrer nicht bewußt. Diese Kraft wird verfügbar, wenn wir innerlich erwachen. Religion ist des Lebens größtes Geheimnis, das uns dazu befähigt, diese unbegrenzte, aber schlafende innere Kraft in uns zu erwecken.

Das *Sanatana Dharma* verkündet: „O Mensch, Du bist keine kleine Kerze, Du hängst von niemandem ab, um zu brennen. Du bist die selbstleuchtende Sonne". Solange du denkst, daß du der Körper bist, bist du wie eine kleine Batterie, deren Kraft sich leicht erschöpft. Aber wenn du weißt, daß du das *Atman* (das selbstleuchtende Selbst) bist, dann bist du wie eine riesige Batterie, die mit der kosmischen Energieversorgung verbunden ist, die dich fortgesetzt mit unerschöpflicher Kraft versorgt. Wenn du mit Gott verbunden bist, mit dem Selbst, der Quelle aller Kraft, vermindert sich deine Energie niemals. Du kannst aus deinem unendlichen Potential schöpfen. Sei dir deiner eigenen immensen Macht und Kraft bewußt. Du bist kein zahmes, kleines Schäfchen, sondern ein mächtiger, majestätischer Löwe. Du bist die kosmische Energie, der allmächtige Gott.

Kinder sollten durch Beispiel gelehrt werden

Amma hat gehört, daß viele Kinder im Westen Pistolen tragen, wenn sie zur Schule gehen. Es wurde ihr gesagt, daß sie sogar manchmal jemanden erschießen, ohne weiteren Grund. Habt ihr euch je gefragt, warum Kinder dazu kommen, auf solch grausame Weise zu handeln? Weil sie nie die richtige Führung hatten. Sie haben nie echte Liebe und echtes Mitgefühl erfahren. Viele Mädchen und Buben sind zu Amma gekommen und sagten: „Unsere Mutter hat uns keine Liebe gegeben. Unsere Eltern haben uns kein richtiges Benehmen beigebracht. Wir haben Vater und Mutter vor uns streiten sehen. Da wir Zeuge von Streit und Selbstsucht wurden, beginnen wir Haß gegenüber der ganzen Welt zu fühlen. Wir werden ungehorsam und selbstsüchtig." Ihre Eltern, von denen sie die erste Lektion in Liebe und Geduld lernen sollten, versagen, ihnen ein richtiges Beispiel zu geben. Amma verlangt, daß Eltern ihren Kindern in den ersten Jahren viel Liebe und Zärtlichkeit schenken. Die kleinen Kinder dürfen nicht in ihren Wiegen alleingelassen werden. Ihre Mütter müssen sie nahe bei sich haben und sie mit Liebe und Zärtlichkeit an ihrer Brust nähren. Die Kinder sollten in den Jahren der Erziehung religiöse und moralische Grundsätze gelehrt werden. Eltern dürfen nicht vor den Kindern streiten oder Zorn zeigen. Wenn sie das tun, wie soll das Kind da Liebe und Geduld lernen?

Mögen Eure Herzen Erblühen

Wenn du durch ein Feld von weichem, grünem Gras gehst, entsteht von selbst ein Weg. Dagegen braucht es unzählige Gänge, hinauf und hinab, damit sich an einem steinigen Hügel ein Pfad abzeichnet. Ebenso kann der Charakter eines Kindes noch leicht geformt werden. Kinder brauchen liebendes Umsorgtwerden, aber zu gleicher Zeit sollten wir nicht vergessen, sie zu disziplinieren. Glaube an Gott sollte ihnen eingeflößt werden, ebenso wie Liebe für die ganze Schöpfung. Das ist nur durch eine richtige religiöse Erziehung möglich.

Kinder, es ist unsere dringendste Pflicht und Verpflichtung, unseren Mitmenschen zu helfen. Gott braucht nichts von uns. Er ist ewige Fülle. Zu denken, daß Gott etwas von uns braucht, ist, wie eine brennende Kerze vor die Sonne halten, um ihr den Weg zu erhellen. Gott ist derjenige, der uns beschützt; Er muß nicht von uns beschützt werden. Ein Fluß braucht kein Wasser von einem Teich. Es ist das stehende Wasser im Teich, welches das Wasser des Flusses braucht, um sauber und rein zu werden. Unser Geist ist heute voller Unreinheiten, wie ein stehender Teich. Wir brauchen die Gnade Gottes, um uns zu reinigen und zu erheben, so daß wir selbstlos lieben und der Welt dienen können.

Es ist unsere Verpflichtung gegenüber Gott, für die leidende Menschheit Mitgefühl zu zeigen. Unsere spirituelle Suche sollte mit selbstlosem Dienst für die Welt beginnen. Die Leute werden enttäuscht, wenn sie meditieren und erwarten, daß sich das dritte Auge öffnet, sobald die anderen zwei geschlossen sind. Das wird nicht geschehen. Wir können nicht im Namen der Spiritualität unsere Augen vor der Welt verschließen und erwarten, uns zu entwickeln. Einheit wahrzunehmen, während die Welt mit offenen Augen gesehen wird, das ist Geistige Verwirklichung.

Wenn eine Blume nicht geblüht hat, wenn sie noch Knospe ist, sind ihre Schönheit und ihr Duft noch nicht vorhanden. Niemand wird sie bewundern und schätzen oder sich an ihr erfreuen. Aber wenn die Blume blüht, wenn sie ihre bezaubernde Farbe und Form entfaltet, wenn sie ihren Duft verströmt, löst das rundherum Gefühle der Freude und des Glücks aus. Ebenso sind die Blumen unserer Herzen noch nicht erblüht. Sie sind kleine Knospen. Werden sie aber durch den Glauben an Gott, durch Liebe und Mitgefühl und durch die Einhaltung der religiösen Grundsätze genährt, dann müssen sich die Knospen unserer Herzen entfalten. Ihren Duft enthüllend und verbreitend, werden sie zum Segen für die Welt.

Religion ist nicht auf die Worte der Schriften begrenzt. Sie ist eine Lebensweise. Liebe und Charme der Religion drücken sich in der Liebe und dem Mitgefühl jener aus, die in Übereinstimmung mit ihren Richtlinien leben. Alles, was Amma bis jetzt gesagt hat, kommt einem Etikett auf der Medizinflasche gleich. Nur das Etikett zu lesen, wird keine Heilung bringen. Die Medizin muß eingenommen werden. Du kannst die Süße des Honigs nicht kosten, indem du ein Stück Papier ableckst, auf dem das Wort „Honig" geschrieben steht.

So muß man auch über die Grundsätze der religiösen Texte nachdenken und meditieren und schließlich müssen sie in die Tat umgesetzt werden. Laßt uns alle zu Füßen des Höchsten Gottes Zuflucht nehmen und dafür beten, daß wir den Zustand der Vollkommenheit erreichen mögen.

Das Glorreiche Vermächtnis des Sanatana Dharma

Die nachfolgende Rede hielt Amma vor einer Zuhörerschaft von spirituellen Führern und Würdenträgern am Morgen des 4. September 1993, anläßlich der Ehrung, die Ihr das Hindu Host Komitee zuteilwerden ließ, indem es Sie zu einem der drei Präsidenten des Hinduglaubens wählte.

Die großen Heiligen und Weisen Indiens, die Exponenten des *Sanatana Dharma*, haben nie etwas für sich beansprucht. Da sie für immer im Höchsten Zustand absoluter Fülle verankert waren, fanden sie es schwierig, die Erfahrung der Unendlichen Höchsten Wahrheit in Worten auszudrücken. Sie wußten, daß die Grenzen der Sprache dem Sprechenden nie gestatten würden, ein adäquates Bild der Wahrheit zu zeichnen. Daher zogen es die Großen immer vor, zu schweigen. Doch aus Mitgefühl für jene, die Gott suchen und im Dunkeln tappen, sprachen sie. Aber bevor sie sich äußerten, beteten sie wie folgt:

„O Höchstes Selbst, möge meine Rede in meinem Geist verwurzelt sein; möge mein Geist in meiner Rede verwurzelt sein."

Sie beteten zum Höchsten *Brahman*:

„Ich werde die Erfahrung der Wahrheit in Worte kleiden. Meine Erfahrung der Unendlichen Wahrheit ist so absolut vollkommen, daß sie nicht in Worten ausgedrückt werden kann. Aber ich werde es versuchen. Wenn ich spreche, gib mir die Fähigkeit, die essentielle Botschaft der Wahrheit durch meine Worte ausdrücken und übermitteln zu können. Laß mich die Wahrheit nicht entstellen."

Es ist die Pflicht eines jeden von uns, diese große Wahrheit der Heiligen und Weisen in die Welt zu tragen. Es ist sehr wichtig, daß wir die Gefühle und den Glauben von Menschen

Das Glorreiche Vermächtnis des Sanatana Dharma

anderer Religionen respektieren. Doch gleichzeitig sollten wir die Welt auch wissen lassen, daß die ewige Wahrheit des *Sanatana Dharma* nicht auf einige Individuen beschränkt ist; sie ist eine rein subjektive Erfahrung von großer Bedeutung für jedes menschliche Wesen. Jeder einzelne ist die Verkörperung dieser großen Wahrheit. Das *Sanatana Dharma* gehört nicht einer besonderen Kaste, Konfession oder Sekte an. Die Welt sollte das wissen. Das *Sanatana Dharma* ist eine Quelle großer Kraft und Inspiration für die ganze Menschheit. Als solches sollten seine Anhänger fortwährend für den Frieden und die Harmonie in der Welt arbeiten. Nur dann wird das *Sankalpa* (der Entschluß) der *Rishis* Wirklichkeit werden.

Die *Rishis* haben keine eigene Religion geformt. Sie maßen den verschiedenen menschlichen Werten und geistigen Wahrheiten Bedeutung bei. Aus diesem Grund schloß ihr nachstehendes Gebet das ganze Universum ein:

„Om Lokah samastah sukhino bhavantu."

Möge die ganze Welt glücklich sein.

Mögen Eure Herzen Erblühen

*„Om sarvesham svastir bhavatu
Sarvesham shantir bhavatu
Sarvesham purnam bhavatu
Sarvesham mangalam bhavatu
Om shanti shanti shanti"*

Möge in allen Zufriedenheit obsiegen.
Möge sich in allen Frieden durchsetzen.
Möge in allen Reinheit vorherrschen.
Möge allen Verheißung beschieden sein.
Friede... Friede... Friede.

Einmal wurde ein *Sannyasin* von einem Witwer eingeladen, um für den Frieden der Seele seiner verstorbenen Frau zu beten. Der *Sannyasin* begann wie folgt zu beten:

„Mögen alle Menschen glücklich leben; möge es keinen Kummer und kein Leid geben; möge Verheißung das ganze Universum erfüllen; möge jedermann Vollkommenheit erreichen."

Der Ehemann, der dem Gebet zuhörte, regte sich auf. „*Swami*, ich dachte, du würdest für die Seele meiner Frau beten, aber ich habe dich noch nicht einmal den Namen meiner Frau äußern gehört."

Der *Swami* erwiderte: „Es tut mir leid, aber ich kann nicht auf diese Art beten. Mein Glaube und mein *Guru* haben mich gelehrt, für alle Menschen zu beten, für das ganze Universum. In Wahrheit kann nur das Gebet, das zum Wohle der ganzen Menschheit ist, auch dem Einzelnen zugute kommen.

Wenn man die Äste eines Baumes wässert, ist das Wasser vergeudet. Nur wenn die Wurzeln gewässert werden, kann die Nahrung Äste und Blätter erreichen. Nur wenn ich für alle bete, wird deine Frau ihren Segen erhalten. Nur dann wird ihre Seele Frieden finden. Ich kann nicht auf andere Weise beten."

Der *Swami* war so sehr davon überzeugt, daß der Ehemann keine andere Wahl hatte, als nachzugeben. Er sagte: „Gut, du kannst beten wie du willst. Aber kannst du nicht wenigstens meinen Nachbarn vom Gebet ausschließen?" Das ist heutzutage die allgemeinübliche Haltung. Wir haben unsere Fähigkeit und die Bereitschaft zu teilen verloren.

Als der kalte Krieg zwischen Rußland und Amerika zu Ende war, ging ein großer Seufzer der Erleichterung durch die Welt. Mit der Verpflichtung, die Feindseligkeiten zu beenden, wurde die Drohung eines nuklearen Krieges, der die Welt potentiell zerstören könnte, ausgeräumt.

Mögen Eure Herzen Erblühen

Nun sind zum ersten Mal Familien, die durch die künstlichen Grenzen verschiedener politischer Ideologien getrennt worden waren, im Geiste der Liebe, der sie immer verbunden hatte, wieder vereinigt worden.

Natürlich gibt es Leute, die an der Herstellung von zerstörerischen Waffen verdienen, Leute, die nur an ihre eigenen Taschen und selbstsüchtige Motive denken.

Der einzige Zweck der Natur ist es, die Schöpfung zu erhalten. Wir sollten an diese Wahrheit glauben und in sie vertrauen. Wir sollten nach alternativen, friedlichen Wegen suchen, um unseren Lebensunterhalt zu verdienen, statt einander zu zerstören, um selber aufzusteigen.

Nur Tempel, Kirchen oder Moscheen zu besuchen und Rituale zu vollziehen, stellt nicht das Ganze der Religion oder Hingabe dar. Wir sollten fähig sein, Gott, das Selbst, in uns und in allen Wesen wahrzunehmen.

Dies ist der Anbruch des 21. Jahrhunderts. Hier und jetzt, laßt uns alle, *Sannyasins*, geistige Führer und das Hindu Host Komitee, das so hart für den Erfolg des religiösen Parlaments gearbeitet hat, mindestens ein mentales Gelöbnis tun:

„Ungeachtet von Zeit und Raum werden wir hart für den Frieden und die Harmonie der ganzen Welt arbeiten und um das Leiden der Menschheit zu mildern. Auf diese Weise möge der große Entschluß des Sanatana Dharma eine lebendige Wahrheit werden. Und laßt uns entschlossen sein, diese große Wahrheit sowie die essentiellen Prinzipien des Lebens allen jungen Männern und Frauen zu übermitteln. Sie sind die Blütenknospen der zukünftigen Generation, dabei, sich zu öffnen und zum Duft der Welt zu werden."

Die Botschaft des Sanatana Dharma

Die folgende Botschaft wurde von Amma für das Souvenir „Reflections on Hinduism" (Betrachtungen zum Hinduismus) übermittelt, das vom Hindu Host Komitee zur Erinnerung an das Parlament von 1993 publiziert wurde.

Religion bietet, was die Welt nie zur Verfügung stellen kann. Was ist es, wonach der Mensch verlangt? Was ist es, was in dieser Welt am meisten fehlt? Es ist Friede, nicht wahr? Es gibt nirgends Frieden, weder außen noch innen. Um das Leben voll zu leben, braucht man Frieden. Und man braucht Liebe. Friede ist nicht etwas, das erlangt wird, wenn alle Wünsche erfüllt sind.

Solange der Verstand vorhanden ist, werden Wünsche an die Oberfläche kommen und Probleme bestehen. Friede ist etwas, das emporsteigt, wenn alle Gedanken sich legen und der Verstand transzendiert wird.

In diesem transzendentalen Zustand, in welchem das individuelle Selbst in das unendliche Bewußtsein eingeht, hört die konzeptuelle Welt der Namen und Formen auf zu existieren. Das ist das Herz der Hindu Philosophie des *Advaita* (Nichtdualität). Der Mensch kann den höchsten Zustand der Vollkommenheit erreichen. In der Tat ist dies seine wahre Natur. Wir mögen uns wundern, warum wir diese Wahrheit nicht erkennen. Es ist hauptsächlich wegen der obsessiven Anhaftung an die äußeren Objekte der Welt. Die Unwissenheit über unsere wahre Natur kann nur durch wahres Wissen vertrieben werden. Es gibt nur einen Weg, um dieses reine Wissen aufdämmern zu lassen, nämlich durch das Ausüben spiritueller Praktiken unter der Leitung eines Perfekten Meisters, der auf ewig in diesem transzendentalen Zustand des Glücks und des Friedens ruht.

Ein Mensch, der von Frieden erfüllt ist, ist entspannt. Sein Leben ist im Gleichgewicht. Er ist nie ängstlich oder erregt. Er trauert nicht um seine Vergangenheit. Wegen der Klarheit seiner Sicht konfrontiert er jede Situation im Leben ruhig und auf intelligente Weise. Sein Geist und seine Sicht sind nicht durch unnötige Gedanken getrübt. Er wird Probleme im Leben haben, ganz gleich wie andere Leute auch, aber die Art und Weise, wie er sie angeht, wird völlig verschieden sein, weil er im Frieden ruht. Seine Haltung ist anders; da ist ein besonderer Charme und eine Schönheit in allem, was er tut. Sogar unter den schwierigsten Umständen wird er gelassen bleiben.

Es ist die Natur des menschlichen Verstandes zu schwanken. So wie sich das Pendel einer Uhr immer von einer Seite zur andern bewegt, bewegt sich der Verstand immer von einer Sache zur andern. Die Bewegung ist konstant. Der Verstand ist immer in einem Zustand des Fliessens; einmal liebt er, im nächsten Moment haßt er. Was ihm einen Moment lang gefällt, mag er im nächsten Augenblick nicht mehr. Das Pendel des Geistes bewegt sich manchmal zu Zorn und dann bewegt es sich zu Wünschen. Es kann nicht aufhören. Es kann nicht still sein. Wegen der konstanten Bewegung des Verstandes, kann der

Die Botschaft des Sanatana Dharma

feste, bewegungslose, darunterliegende Grund der Existenz nicht gesehen werden. Die Bewegung des Geistes schafft unaufhörlich Wellen und diese Wellen, dieses Gekräusel von Gedanken trübt alles.

Jeder Gedanke, jeder emotionale Ausbruch und jeder Wunsch ist wie ein Kieselstein, der in den mentalen See geworfen wird. Die unaufhörlichen Gedanken sind wie das ewige Gekräusel der Wellen und der Oberfläche des Wassers. Die bewegte Oberfläche macht es dir unmöglich, klar durch das Wasser zu sehen. Du erlaubst dem Geist nie, still zu sein. Entweder spürst du ein Verlangen danach, einen Wunsch zu erfüllen, oder du bist in Zorn, Eifersucht, Liebe oder Haß gefangen. Und wenn in der Gegenwart gerade nichts geschieht, schleichen sich Gedanken aus der Vergangenheit ein. Süße Vergnügen, bittere Erinnerungen, frohe Momente, Bedauern, Rache – immer wird irgendetwas aufkommen. Sobald die Vergangenheit sich zurückzieht, taucht die Zukunft mit wunderbaren Versprechen und Träumen auf. So ist der Verstand fortwährend beschäftigt. Er ist dauernd besetzt und nie frei.

Was du siehst, ist nur die Oberfläche. Du kannst nur die Wellen an der Oberfläche erkennen. Aber wegen der Bewegung an der Oberfläche denkst du irrtümlicherweise, daß der Boden sich ebenfalls bewegt. Aber der Grund ist ruhig. Er kann sich nicht bewegen. Du projizierst die Bewegung der Oberfläche – die Wellen von Gedanken und Emotionen – auf den stillen Boden, den unterliegenden Grund. Die Bewegung, die von Gedankenwellen verursacht wird, gehört der Oberfläche an; sie gehört dem Verstand an. Um jedoch das unbewegte Substratum zu sehen, muß die Oberfläche still und schweigend werden. Das Geplätscher muß enden. Das schwankende Pendel des Geistes muß still werden. Diesen stillen und friedlichen Zustand zu ereichen, ist der eigentliche Zweck der Religion.

Wenn diese Stille einmal erreicht ist, kannst du klar durch die Oberfläche blicken. Dann hörst du auf, verzerrte Formen zu sehen, du erkennst den wahren Grund der Existenz – Wahrheit. Alle deine Zweifel enden. An diesem Punkt merkst du, daß du bis dahin nur Schatten und Wolken gesehen hast. Der Zweck der Religion besteht darin, dir zu helfen, die wirkliche Natur von allem wahrzunehmen, während du ständig in den Tiefen deines eigenen wahren Selbst weilst. In diesem Zustand verschwinden alle Unterschiede

Die Botschaft des Sanatana Dharma

und du siehst dein eigenes Selbst in jedem Objekt und durch jedes Objekt scheinen.

Liebe für die ganze Menschheit steigt in jenem auf, der die Wahrheit erfahren hat. In dieser Fülle der Göttlichen Liebe blüht die wunderbare, duftende Blume des Mitgefühls. Mitgefühl sieht die Fehler der andern nicht. Es sieht nicht die Schwächen der Menschen. Es macht keinen Unterschied zwischen guten und schlechten Leuten. Mitgefühl kann keine Linie zwischen zwei Ländern, zwei Glauben oder zwei Religionen ziehen. Mitgefühl hat kein Ego. Daher gibt es keine Angst, Lust oder Leidenschaft. Mitgefühl ist wie eine Passage: alles geht hindurch, nichts kann stecken bleiben. Mitgefühl ist in ihrer ganzen Fülle ausgedrückte Liebe.

Gott ist Liebe, die Lebenskraft hinter der ganzen Schöpfung. Es ist in der Tat selten, eine Religion zu finden, die Liebe für alle Wesen nicht als den höchsten Faktor ansieht. Wenn die Religionen sich an dieses Prinzip der Liebe halten würden, wären die Verschiedenheiten, die heute gesehen werden, unbedeutend. Gott erwartet Liebe, Verbrüderung und Zusammenarbeit von Seinen Kindern. Indem die Menschen an ihren oberflächlichen Unterschieden hängen, ebnen sie den Weg zu ihrer eigenen Zerstörung.

Religion hat das Licht der Liebe und der Wahrheit unter den Menschen zu verbreiten. Religion sollte Trennungen nicht ermutigen. Es gibt nur eine Höchste Wahrheit, die durch alle Religionen scheint. Religion im Licht dieser Haltung zu sehen, bringt uns der Höchsten Wahrheit näher, hilft uns, einander zu verstehen, und führt die Menschheit zum Frieden.

Wie lange werden wir in dieser Welt leben? Niemand lebt für immer. Alles, was wir unser eigen nennen, ist unbeständig. Wenn das so ist, ist es dann klug, das gottgegebene Leben mit dem Verfolgen kurzlebiger Ziele zu verschwenden? Die großen Meister aller Religionen erklären unzweideutig, daß es ein unveränderliches Substratum gibt, das dieser sich ewig verändernden Welt zugrundeliegt. Durch die Verwirklichung dieser Wahrheit wird Unsterblichkeit erlangt. Das ist der letztendliche Zweck des Lebens.

Religionen sollten den Leuten helfen, einen starken Wunsch zu entwickeln, das ewige Leben auf einer festen Basis von Liebe und Frieden zu suchen. Das ist wahrlich der größte Dienst, den die Religion der Menschheit bieten kann.

Die Botschaft des Sanatana Dharma

Gegenseitige Liebe und Zusammenarbeit zwischen den Religionen sollten in der Welt zu etwas Vorrangigem werden. Lasset Liebe, Frieden, Zusammenarbeit und Gewaltlosigkeit der Leuchtturm sein, der den Weg in das Einundzwanzigste Jahrhundert erhellt.

Das ist die Essenz der Botschaft, die der große Stammbaum von Heiligen und Weisen Indiens sowie die ewige Religion des Hinduismus (*Sanatana Dharma*) der ganzen Welt schenkt.

Zu einer Globalen Ethik Hin

Der nachfolgende Text ist die ursprüngliche Proklamation einer Globalen Ethik, ein Ruf nach universellen Werten, Gerechtigkeit und Mitgefühl, der von der Mehrheit der geistigen Führer, die am Parlament teilgenommen hatten, unterschrieben wurde.

Die Welt liegt im Sterben. Die Agonie ist so allesbeherrschend, daß wir gezwungen sind, ihr Vorhandensein zu benennen, damit die Tiefe des Schmerzes klargemacht werden kann. Der Friede entzieht sich uns, unser Planet wird zerstört, Nachbarn leben in Angst, Frauen und Männer werden einander entfremdet, Kinder sterben!

Das ist verabscheungswürdig! Wir verurteilen den Mißbrauch des Ökosystems der Erde. Wir verurteilen die Armut, die das Potential des Lebens erstickt; den Hunger der den menschlichen Körper schwächt; die wirtschaftlichen Ungleichheiten, welche soviele Familien mit Ruin bedrohen. Wir verurteilen die soziale Unordnung der Nationen; die Mißachtung von Gerechtigkeit, die viele Bürger an den Rand des Systems drängt; die Anarchie, welche in unseren Gemeinschaften überhandnimmt; den Irrsinn des gewaltsamen Todes von Kindern. Im Besonderen verurteilen wir Agression und Haß im Namen der Religon.

Aber diese Agonie muß nicht sein. Sie braucht nicht zu sein, weil die Basis für eine Ethik bereits existiert. Diese Ethik bietet die Möglichkeit für eine bessere individuelle und globale Ordnung. Sie holt Einzelne aus der Verzweiflung heraus und führt Gemeinschaften aus dem Chaos. Wir sind Frauen und Männer, welche die Gebote und Praktiken der Religionen der Welt angenommen haben. Wir versichern, daß ein Sortiment gemeinsamer Grundwerte in allen Religionen vorhanden ist, welches die Grundlage für eine globale Ethik darstellt. Wir bekräftigen, daß die Wahrheit zwar bekannt ist, aber noch im Herzen und in den Taten gelebt werden muß. Wir bestätigen, daß es eine unwiderrufliche, bedingungslose Lebensnorm für Familien und Gemeinschaften gibt, für Rassen, Nationen und Religionen. Es existieren bereits uralte Richtlinien für menschliches Verhalten, die den Lehren der Weltreligionen zugrundeliegen und welche die Rahmenbedingungen für eine tragende Weltordnung repräsentieren.

Wir sind voneinander abhängig. Jeder von uns ist vom Wohlergehen des Ganzen abhängig und daher haben wir Respekt für die Gemeinschaft von Lebewesen, für die Menschen, Tiere und Pflanzen sowie für die Erhaltung der Luft, des Wassers und der Erde. Wir übernehmen persönliche Verantwortung für alles, was wir tun. Alle unsere Entscheidungen, Taten, Fehlschläge von Handlungen haben ihre Konsequenzen. Wir müssen andere so behandeln, wie wir selbst behandelt zu werden wünschen. Wir verpflichten uns, das Leben und die menschliche Würde zu respektieren, die Individualität und die Verschiedenheit, auf daß jeder Mensch ohne Ausnahme human behandelt werde. Wir müssen Geduld haben und den Willen zu Akzeptanz. Wir müssen fähig sein zu vergeben, indem wir von der Vergangenheit lernen, dürfen uns aber nie gestatten, uns von den Erinnerungen des Hasses versklaven zu lassen. Wir müssen die enge Sicht unserer Unterschiede und Verschiedenheiten zu gunsten der Weltgemeinschaft vergessen, indem wir einander unsere Herzen öffnen und anfangen, eine Kultur der Solidarität und Beziehung zueinander zu pflegen.

Wir betrachten die Menschheit als unsere Familie. Wir müssen danach streben, freundlich und großzügig zu sein. Wir sollen nicht nur für uns leben, sondern auch den andern dienen, niemals die Kinder vergessend, die Betagten, die Armen, die Leidenden, die Behinderten, die Flüchtlinge und die Einsamen. Keine Person sollte jemals als Bürger zweiter Klasse angesehen oder als solcher behandelt und in irgendeiner Weise ausgebeutet werden. Es sollte gleiche Partnerschaft zwischen Männern und Frauen bestehen. Wir dürfen keinerlei sexuelle Immoralität begehen. Wir müssen alle Formen der Herrschaft und des Mißbrauchs hinter uns lassen.

Wir verpflichten uns zu einer Kultur der Gewaltlosigkeit, des Respekts, der Gerechtigkeit und des Friedens. Wir werden nicht unterdrücken, verletzen, andere Menschen quälen oder töten oder Gewalt als ein Mittel einsetzen, um Probleme auszuräumen.

Mögen Eure Herzen Erblühen

Wir müssen nach einer gerechten sozialen und wirtschaftlichen Ordnung streben, in welcher jedermann die gleichen Chancen hat, sein volles Potential als menschliches Wesen zu erreichen. Wir müssen wahrheitsgetreu sprechen und handeln und mit Mitgefühl, auf faire Weise mit allen umgehen, sowie Vorurteile und Haß vermeiden. Wir dürfen nicht stehlen. Wir müssen über die Herrschaft von Gier nach Macht, Ansehen, Geld und Konsum hinaus gelangen, um eine gerechte und friedliche Welt zu schaffen.

Die Erde kann nicht zum Besseren verändert werden, ehe sich das Bewußtsein des Einzelnen nicht ändert. Wir geloben, unser Bewußtsein zu erweitern, indem wir das Gemüt mit Meditation, Gebet oder positivem Denken zügeln. Ohne Risiko oder Bereitschaft zum Opfer kann es keine fundamentale Änderung unserer Situation geben. Daher engagieren wir uns für diese globale Ethik, für gegenseitiges Verstehen und für eine soziale, friedensfördernde und naturbewahrende Lebensweise. Wir laden alle Menschen – ob religiös oder nicht – ein, dasselbe zu tun.

Wir Frauen und Männer verschiedener Religionen der Erde wenden uns daher an alle Menschen, seien sie religiös oder nicht. Wir

Zu einer Globalen Ethik Hin

möchten folgender gemeinsamer Überzeugung Ausdruck geben:

• Wir alle tragen Verantwortung für eine bessere globale Ordnung.

• Unser Einsatz für die menschlichen Rechte, für Freiheit, Gerechtigkeit, Frieden und die Erhaltung der Erde ist absolut notwendig.

• Unsere verschiedenen religiösen und kulturellen Traditionen dürfen nicht unser gemeinsames Engagement verhindern, allen Formen der Unmenschlichkeit zu begegnen und für mehr Humanität zu arbeiten.

• Die Grundsätze dieser Globalen Ethik können von allen Menschen mit ethischen Überzeugungen, ob sie religiös orientiert sind oder nicht, angenommen werden.

• Als religiöse und spirituelle Menschen basiert unser Leben auf einer Höchsten Realität, aus der wir geistige Kraft und Hoffnung schöpfen, im Vertrauen, in Gebet oder Meditation, aus Worten oder Schweigen. Wir haben eine besondere Verantwortung für das Wohlergehen der ganzen Menschheit und sorgen uns um den Planeten Erde. Wir betrachten uns nicht als bessere Frauen und Männer, aber wir glauben, daß die alte Weisheit unserer

Religionen den Weg für die Zukunft weist. Wir laden alle Männer und Frauen – ob religiös oder nicht – ein, dasselbe zu tun.

www.ingramcontent.com/pod-product-compliance
Lightning Source LLC
Chambersburg PA
CBHW070630050426
42450CB00011B/3157